AF532631

James Stewart, K Roméy

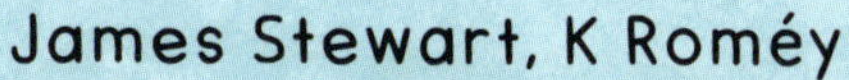

Dinosaurier-Freundschaft

Übersetzung
aus dem Englischen
von Zoë Beck

eichborn

Die Bastei Lübbe AG verfolgt eine nachhaltige Buchproduktion. Wir verwenden Papiere aus nachhaltiger Forstwirtschaft und verzichten darauf, Bücher einzeln in Folie zu verpacken. Wir stellen unsere Bücher in Deutschland und Europa (EU) her und arbeiten mit den Druckereien kontinuierlich an einer positiven Ökobilanz.

Eichborn Verlag

Titel der englischen Originalausgabe:
„Dinosaur Friendship"

Umschlaggestaltung: © Thomas Krämer nach einem Originalentwurf
von: © HarperCollinsPublishers Ltd 2023
Einband-/Umschlagmotive: Cover-Illustration © K Roméy | Text-Illustration © James Stewart
Text © James Stewart
Satz: Helmut Schaffer, Hofheim a. Ts.
Gesetzt aus der Cursing Dinosaur

Druck und Einband: Druk-Intro SA
Printed in Poland

ISBN 978-3-8479-0192-1

2 4 5 3 1

Sie finden uns im Internet unter eichborn.de

Inhalt

Einleitung 4

Dinosaurier-Freundschaft 5

Freunde 7

Familie 33

Liebe 49

Du selbst 85

Profis 117

Einleitung

Unsere erste Beschreibung für den Account dinosaurcouch lautete: „Comics über depressive Dinosaurier, die sich gegenseitig Hoffnung schenken." Über die Jahre hat sich der Schwerpunkt der Comics etwas weg von der Depression und hin zur Hoffnung verschoben – weil ich zum einen meine Depression besser im Griff habe, und weil mir außerdem klar geworden ist, dass es sehr viel wichtiger und erfüllender ist, über Hoffnung zu schreiben.

Dinosaurier-Freundschaft

Der Titel Dinosaurier-Freundschaft ist zugleich passend als auch unpassend. Er passt, weil unsere Freund:innen oft genug diejenigen sind, bei denen wir Hoffnung finden, und er passt auch nicht, weil sie keineswegs die Einzigen sind, die uns diese Hoffnung geben können. Entsprechend gibt es in diesem Buch nicht nur Comics über Freundschaft, sondern auch über Familie, Liebende, Kolleg:innen und die vielleicht wichtigsten Menschen, bei denen wir Hoffnung finden können: uns selbst.

Die Familie, die du dir aussuchst

Okay, ich merke, wir streiten uns gleich, und das ist völlig in Ordnung.

Aber darf ich darum bitten, dass wir ins Schriftliche wechseln?

Wenn, dann will ich wegen schlechter Argumente verlieren, und nicht, weil ich unter Druck meine Gedanken nicht richtig formulieren konnte.

GRUNDKURS
FREUNDE FINDEN

Hi, ich bin Stephen.

Sei still, Stephen.

Ich will hier was
lernen.

Glaubst du, wir bleiben
für immer Freunde?

Bestimmt.

Ich bin viel zu faul, um
mir neue zu suchen.

Es heißt, Freunde sind die
Familie, die man sich aussucht.

Das sehe ich anders.

Selbst wenn ich wollte, könnte
ich dich nicht nicht mögen.

Wie entscheiden wir,
wer anfangen darf?

Sag eine Zahl zwischen
eins und zehn.

Zehn.

Mist, das kann ich nicht
toppen. Du fängst an.

Hast du manchmal Angst davor, dass wir uns auseinanderleben?

Nein.

Dad, was ist der Unterschied zwischen guten und besten Freunden?

Wenn etwas schiefläuft, hilft dir ein guter Freund dabei, die Scherben aufzusammeln.

Ein bester Freund hilft dir dabei, sie so zusammenzusetzen, wie du es dir wünschst.

Alles wird gut.

Danke.

Ich glaube dir nicht.

Aber es hilft trotzdem.

Egal, wie lange wir uns nicht gesehen haben, mit dir ist es immer genau wie sonst auch, und das gefällt mir.

Schweigsam und merkwürdig.

Ich bin müde.

Ich auch. Sollen wir ins
Bett gehen?

Nö.

Ich bin gern mit dir müde.

Wer ist deine Nemesis, Kevin?
Jessica.

Sie sieht viel cooler aus als ich, und ich weiß nie genau, warum.

Verdammt, Jessica, wie machst du das?

Du bist mein bester Freund.
Danke.

Aber ich bin nie in irgendwas der Beste.

Ich glaube, deshalb mag ich dich.

Wir sind beide zu nichts zu gebrauchen.

Kevin, du weißt doch –
Nachahmung ist die höchste
Form der Anerkennung.

Ja, das war auch meine
Absicht.

Jessica, ich finde
dich großartig.

Noch sauer,
Kevin?

Du lebst zu sehr in der
Vergangenheit.

Du warst gestern
einfach ätzend,
Jessica.

Ich lebe nicht in der
Vergangenheit, ich erinnere mich
nur daran.

Ich glaub an dich, Kleiner.

O Gott, ich muss so ein
Versager sein.

Das Netteste, was
meinem eigenen Vater
zu mir einfällt ...

... ist, dass er meine
Existenz nicht anzweifelt.

Es ist so friedlich,
wenn du hier bist.

Friedlicher, als wenn du
allein bist?
Ja.

Denn solange du hier bist ...

... schweigt mein innerer Kritiker.

Du bist heute so schlecht gelaunt.
Ich bin früh auf-
gestanden.

Ich bin mies drauf,
weil ich müde bin.

Nächster Tag.
Du bist heute so schlecht gelaunt.
Ich bin spät auf-
gestanden.

Ich bin mies drauf, weil ich den
Tag verplempert habe.

Wie war
ich?

Was meinst
du?
Ich meine bei
dieser Interaktion.

Habe ich es geschafft,
normal zu wirken?

Wünschst du dir manchmal,
es gäbe mehr im Leben?
Was denn?

Eine Bestimmung.

Das Leben hat viele
Bestimmungen.

Nur eine klingt eher
nach weniger im Leben.

Du siehst gut aus.

Machst du dich über mich lustig?
Nein.

Ich glaube, du machst dich über mich lustig.
Nein.

Vielleicht ist dein Selbstwertgefühl so gering, dass du alles, was ich sage, als Beleidigung wertest.

Vielleicht.

Vielleicht ist mein Selbstwertgefühl aber auch so gering, weil du mich ständig beleidigst.

Dad, wie schließe ich
Freundschaften?

Indem du versuchst, gemein-
same Interessen zu finden.

Hallo.

Du sitzt nicht zufällig
gern einfach
schweigend rum?

Ich habe
Angst.
Hättest du gerne
Rat oder
Rückhalt?

Rückhalt.

Danke. Das hilft
tatsächlich.

Tut mir leid, dass ich mir wegen meiner Angststörung ständig Sorgen mache.

Schon okay.

Mir ist wegen meiner Depression alles egal.

Wir sind perfekt ausbalanciert.

Du brauchst mehr Freunde.
Okay.

Ich glaube, Facebook hatte da ein paar Vorschläge für mich.

Nein, ich meine echte Freunde.
Okay.

Familie

Ich glaube an dich.

Verdammt ...

... Ich hasse es,
jemanden zu
enttäuschen.

Warum gehst du nicht einfach
ins Bett, wenn du müde bist?

Sei nicht albern.

Wäre ich im Bett, wäre
ich nicht müde.

Ihr Kind hat ein Problem damit, sich zu fokussieren.
SCHULE

Es schaut den ganzen Tag nur aus dem Fenster.
SCHULE

Hmmm.
SCHULE

Das klingt für mich nach unglaublichem Fokus.
SCHULE

Ich will ein Abenteuer erleben.

Nein, du kannst
Abenteuer erleben,
wenn du erwachsen bist.

Aber ich weiß, wie
Erwachsene sind.

Wenn ich erst mal einer bin,
werde ich „zu müde" für
Abenteuer sein.

Fragst du dich manchmal,
warum wir hier sind?

Nein, ich weiß, warum ich hier bin.

Warum?

Weil du hier bist.

Wusstest du, dass Kinder
Wutanfälle haben, weil sie nicht
wissen, wie sie mit ihren Gefühlen
umgehen sollen?

Nein.

Aber es ergibt Sinn.

Weil auch Erwachsene
deshalb Wutanfälle haben.

Ihr Sohn hat wunderbar viel Fantasie.

Bestimmt wird er sie für großartige Dinge nutzen.

Es ist nicht wichtig,
ob du gewinnst.

Gut.

Solange du Spaß
dabei hast.

Verdammt.

Tu nichts, was ich nicht
auch tun würde.

Das ist buchstäblich
meine einzige Option.

Das war's dann wohl mit
dem Abenteuerleben.

Ich glaube nicht.

Du hast recht. Sie
großzuziehen wird ein ganz
besonderes Abenteuer.

Nein, ich meine, sie sieht ziemlich
leicht aus. Ich kann sie tragen,
wenn wir Abenteuer erleben.

Es ist Sommer. Du kannst nicht
immer nur im Bett bleiben.

Werd ich nicht.

Unglaublich, dass du deinem Sohn erlaubst, so rumzulaufen.
Wie bitte?

Was, wenn er später Fußball mag?

Was, wenn er es sich anders überlegt?

WAS, WENN ES NUR EINE PHASE IST?

Zu meiner Zeit haben wir draußen gespielt.

Ich muss wirklich spezifischer nörgeln.

Haben Sie eine liebevolle
und ehrliche Beziehung
zu Ihren Eltern?

Ja.

Eine liebevolle Beziehung
zu meiner Mutter …

… und eine ehrliche zu
meinem Vater.

Wirklich, wirklich
gute Freunde

Ich vermisse unser Haus.

Sei nicht albern.

Ein Haus ist kein Zuhause.

Doch, wenn wir zusammen sind.

Willst du mit
mir tanzen?

Nein.

Willst du mit mir
unbeholfen in der Ecke
stehen?

Jetzt sprechen wir
dieselbe Sprache.

Versuch gar nicht erst,
dich rauszulügen.

Ich will mich
gar nicht
rauslügen.

Ich lüge nur, weil ich nicht
weiß, wie ich überhaupt
da reingeraten bin.

Hast du mich vermisst,
als ich weg war?

Ja, sehr.

Ich habe auch den Teil von mir
vermisst, der nur zum Vorschein
kommt, wenn du da bist.

Er ist das Beste an mir.

Ich bin nur ein paar Tage weg.
Die Zeit wird im Flug vergehen.

Oh, endlich bist du wieder da.
Es hat sich angefühlt wie eine
Ewigkeit.

Das waren nur ein paar
Sekunden. Ich hab meine Tasche
vergessen.

Findest du mich schön?

Ja.

Manche sind so schön, dass alles um sie herum stumpf und grau erscheint.

Aber du bist so schön, dass alles um dich herum leuchtet und voller Leben ist.

Ich vermisse dich.
tipp
tipp

Ich dich auch. Aber durch die Ferne wächst die Liebe.
tipp
tipp
tipp

Ja.
tipp
tipp

Nur wächst meine Liebe so sehr, dass es wehtut.

Ihr dürft jetzt eure
Ehegelübde verlesen.

Ich fürchte, ich hab den
falschen Zettel mitgenommen.

Schon in Ordnung, Liebster,
lies einfach vor, was du hast.

Brot, Käse, Eier,
Kaffee ...

Ich hab dir Frühstück
gemacht.

Es ist vier Uhr
nachmittags.

Ich weiß.

Aber Frühstück ist eine
Lebenseinstellung.

Würdest du mich auch lieben,
wenn ich hässlich wäre?

Diese Frage ergibt
keinen Sinn.

Weil ich dich liebe ...

... werde ich dich nie
hässlich finden.

Ich bin so einsam.

Du musst rausgehen und
dich mit Leuten unterhalten.

Ich bin so einsam.

Ich liebe deinen Sinn
für Humor.

Mein Sinn für Humor ist
doch richtig schlecht.

Ja.

Und ich erzähle richtig
schlechte Witze.

Ich weiß, ich werde
irgendwas vergessen.

Denk einfach nur an die wirklich
unverzichtbaren Dinge.

Okay.

Ich dachte immer, die
Hölle sind die anderen.

Aber jetzt weiß ich ...

... beim Himmel ist es auch so.

Erinnerst du dich noch an den Moment, in dem du dich in mich verliebt hast?
Ja.

Wollen wir eine Pizza bestellen?

Nein.

Lass uns zwei bestellen.

Warum gehst du gern im
Wald spazieren?

Dabei kann ich
gut nachdenken.

Warum wolltest du dann,
dass ich mitkomme?

Meine Gedanken sind viel
schöner, wenn du hier bist.

Wie war dein erster
Eindruck von mir?

Äh, der unterscheidet sich nicht
sehr davon, wie ich dich jetzt sehe.

Ha, dieses Date läuft
ganz gut, glaube ich.

O mein Gott, ein Hund!

Lass uns fragen, ob wir
ihn streicheln dürfen.

Es ist die große Liebe.

Wen hast du denn alles zu
meinem Geburtstag eingeladen?

Niemanden.

Ich liebe dich.

Ich kann nicht schlafen.

Stell dir vor, du wärst an
einem wunderschönen Strand.

Jetzt **will** ich nicht schlafen.

Aaah, du machst
mich echt fertig.

Ich liebe dich so sehr, aber
irgendwie hasse ich dich auch.

Das ist in Ordnung.

Ich liebe dich auch
und hasse mich.

Ich hasse
alle.

Dann hör auf, über
sie zu lesen.

Hör auf, ihnen
zuzusehen.

Hör auf, Wege zu
benutzen, die sie
geschaffen haben.

Okay, ich hasse
einfach nur dich.

Wollen wir einen
Film schauen?
Das ist
jetzt nicht der
richtige Zeitpunkt!

Kaum hat man
jemanden am Haken,
wird es zäh.

In Gegenwart anderer fühle ich mich immer so komisch und unbeholfen.

Aber bei dir ist es anders.

Aaawww.

Weil du auch komisch bist, fühle ich mich nicht mehr so unbeholfen.

Willst du einen Film schauen?

Nein.

Willst du 20 Minuten von einem Film schauen und dann auf der Couch einschlafen?

Du kennst mich so gut.

Puh, ich bin so froh, wieder zu Hause zu sein. Es hat mir gefehlt.
Mir auch.

Aber du warst die ganze Zeit zu Hause.

Nicht richtig.

Bis jetzt.

Woher wusstest du,
dass du mich magst,
als wir uns kennenlernten?

Na ja, normalerweise bin ich
ziemlich komisch und
unbeholfen bei neuen Leuten.

So warst du auch bei mir.

Aber mit dir hat es sich
nicht so angefühlt.

Warum gehen wir eigent-
lich nicht mehr aus?

Weil wir keine Lust
haben.

Ah ja, richtig.

GROSSE BETTEN
SALE!

Ich vermisse dich.

Und deinen Hintern.

Hast du Angst
vorm Altwerden?

Nein, das wird toll!
Warum?

Weil wir es gemeinsam
erleben werden.

Und alles, was wir
gemeinsam erleben, ist toll.

Dieser Tag war furchtbar.

Tut mir leid.

Muss es nicht.

Er war sehr viel besser,
als er gewesen wäre, wenn du
nicht hier wärst.

Meine Freundin ist
übers Wochenende weg.

Ich kann machen, was ich will.

Ich will mit meiner
Freundin
zusammen sein.

Ich liebe dich.

Du findest mich
also nicht seltsam?

Doch, klar.

Du bist die seltsamste und
beste Person, die ich kenne.

Du selbst

Der Freund, den man
schnell mal vergisst

Es heißt, man soll das neue Jahr so beginnen, wie man es verbringen will.

9:00 PM

9:01 PM

12:00AM

Wenn du auf diesen Gipfel steigst und in den Abgrund blickst, blickt er auch in dich hinein und sagt dir, woraus du gemacht bist.

Wow, wichtiger Tag morgen.
Angst-
störung

Vermutlich macht es jede Sekunde, die du mit Grübeln statt mit Schlafen verbringst, nur noch schlimmer.
Angst-
störung

Also sollte ich besser still sein.
Angst-
störung

Wow, wichtiger Tag morgen.

Alles könnte schiefgehen.

Du solltest weniger zweifeln.

Okay.

Alles wird schiefgehen.

Machen Sie schon Fortschritte bezüglich Ihrer Einsamkeit?

Ja, ich schaue meine Lieb-lingsserie. Die Figuren kommen mir vor wie Freunde.

Das klingt nicht nach einer nachhaltigen Strategie.

Weiß nicht, es gibt ziemlich viele Staffeln.

Ich hab den ganzen
Tag verplempert.

Womit?

Na ja, den Morgen
hab ich mit Schlafen
verplempert ...

... und den Nachmittag damit,
mich darüber zu ärgern, den
Morgen verplempert zu haben.

Ich habe Panik! Ich hab so viel zu tun!

Vergiss nicht zu atmen.

Oh nein.

Nicht noch etwas, woran ich denken muss!

Es heißt, wenn du willst, dass es gut wird, mach es selbst.

Wirklich?

Ich fand immer das Gegenteil zutreffend.

Ich will, dass du an deine
Medikamente denkst.
DEPRESSION

Ich will, dass du jederzeit
alles im Blick hast und aufpasst,
dass nichts schiefgeht.
ANGST-
STÖRUNG

Ich will, dass du an
beidem scheiterst.
ADHS

Verdammt.

Du verschwendest so
viel Zeit mit Nichtstun.

Das ist keine Verschwendung.
Nichts zu tun ist mein Ziel.

Dinge zu tun ist
Zeitverschwendung …

… es sei denn, diese Dinge erlauben
es einem, später nichts zu tun.

Mir ist so
langweilig.

Tut mir leid.

Warum?

Es ist wunderbar.

Ich habe Angst.
Musst du nicht.

Alles ist unter Kontrolle.

Ich weiß.

Die Tatsache, dass einiges davon theoretisch unter meiner Kontrolle ist, macht mir Angst.

Du hast so viele
Hobbys.

Ja. Ich bin so eine Art
Universalgenie.

Aber du bleibst nie bei der
Stange.

Ein Universalgenie mit geringer
Aufmerksamkeitsspanne.

Wenn dir etwas keine Freude bringt,
solltest du dich davon trennen.

Was hast du
gestern gemacht?

Mir über heute
Gedanken gemacht.

Und was machst
du heute?

Mir über gestern
Gedanken machen.

Ich habe nachgedacht und beschlossen, dass daraus nichts Gutes entsteht.

Woraus?

Aus dem Nachdenken.

Alles ist wichtig.
ANGST-
STÖRUNG

Nein, manches ist wichtig
und manches nicht.

Vielleicht.

Aber du bist nicht in der Lage,
es zu unterscheiden.
DEPRESSION

Du würdest mehr schaffen, wenn du eine To-do-Liste hättest.

Ich habe eine.

To do:
1. Nur das Allernötigste

Du bist so pessimistisch.

So schlimm ist es doch
gar nicht.

Ich bin nicht pessimistisch,
weil es so schlimm ist.

Ich bin optimistisch, dass
es besser sein könnte.

Ich habe so viel zu tun.

Du musst Prioritäten setzen.
Das ist das Problem.

Schlafen ist eins der Dinge, die ich tun muss.

Und das ich immer priorisiere.

Es läuft Playlist
AMBIENT CHILL

Hm, nicht wirklich mein Ding.
swipe
swipe
swipe

Ah, das passt viel besser zu meinem Leben.

Es läuft Playlist
AMBIENT CHAOS

Warum hetzt du
dich immer so ab?

Wenn man alt ist,
bereut man, was man
nicht getan hat.

Verdammt.

Ich hab nicht genug gechillt.

Du kannst deine Probleme nicht einfach ignorieren und hoffen, dass sie dadurch verschwinden.

Ich weiß.

Aber wenn ich sie fest genug ignoriere …

… merke ich nicht, dass sie immer noch da sind.

Mein Handy ist
immer auf lautlos.

Verpasst du denn
keine Anrufe?

Doch.

Ich bin müde.

Mach ein Nickerchen.

ZZZ

Jetzt bin ich müde
und schlecht gelaunt.

Warum kritzelst du immer
in dieses Notizbuch?

Ich schreibe meine
Erlebnisse auf, damit ich
sie vergessen kann.

Ah, verstehe. Und dann guckst
du in dein Buch, wenn du dich
an etwas erinnern musst.

Was?

Wer schläft, verliert.

Nein.

Egal, wie sehr ich es auch versuche, ich kann Schlafen immer nur als Gewinn sehen.

Aaaahhhh!

Beruhige dich, morgen ist ein neuer Tag.

Noch einer von der Sorte?

Gott, ich hasse Laufen.

Aber es tut dir
so gut!

Ja, ich werde länger leben.

Und muss noch
mehr laufen.

Weißt du, was gerade
echt doof ist?

Nein.

Ich auch nicht.

Alles ist so
verdächtig okay.

Profis

Warum bist du so
schlecht drauf?

Weil ich nie etwas
unternehme.

Und warum unternimmst
du nie etwas?

Weil ich so schlecht
drauf bin.

Warum lässt du nicht zu, dass ich mich länger als 10 Minuten am Stück konzentriere?
ADHS

Wenn dich etwas wirklich interessiert, darfst du dich so lange konzentrieren, wie du willst.
ADHS

Okay, aber was interessiert mich denn wirklich?
DHS

Das ändere ich alle 10 Minuten.
ADHS

Eine Kette ist nur so stark wie ihr schwächstes Glied.

Okay, das bedeutet also ...

... es ist egal, wie schlecht ich bin ...

... solange jemand noch schlechter ist?

Sie sind hier, weil Sie unter
Schlaflosigkeit leiden?

In gewisser Weise.

Aber nur nachts.

Tagsüber habe ich kein
Problem mit dem Einschlafen.

Warum fällt es dir so
schwer, Hilfe anzunehmen?

Wenn ich zulasse,
dass mir andere helfen ...

... merken sie nur, wie
sehr ich Hilfe brauche ...

... und erkennen dann, wie
nutzlos ich wirklich bin.

Warum verbringen Sie so viel Zeit damit, sich um Ereignisse zu sorgen, deren Eintreten höchst unwahrscheinlich ist?

Na ja, es ist deutlich weniger anstrengend als die Alternative.

Sich um Ereignisse zu sorgen, die wahrscheinlich eintreten werden.

Ich hasse es, das
Haus zu verlassen.

Warum bist du
dann hier?

Na ja ...

Ich brauche Stoff für
meine nächste Therapiesitzung.

Ich bin
gestresst.
Versuche, tief
durchzuatmen.

Das war nicht sehr tief.
Stimmt was nicht
mit meiner Lunge?
Ich sterbe!
Ich sterbe wahrscheinlich.

Danke, das hat
echt geholfen.

Ist das Glas halb voll
oder halb leer?

Definitiv
halb voll.

Halb voll, und es wird
immer voller.

Bald entkommt das Wasser seinem
Behältnis und vernichtet uns alle.

Haben Sie irgendwelche
Unsicherheiten?

Ja.

Aber manchmal habe ich Angst,
es könnten zu wenige sein.

Kommt es vor, dass Sie eine
große Sache aus Dingen machen,
die eigentlich nicht wichtig sind?

Ja.

Aber ich will damit nicht aufhören.

Dadurch mache ich keine
große Sache aus Dingen, die
wirklich wichtig sind.

Ich werde bei diesem
Projekt gute Arbeit leisten.

Ich werde bei diesem Projekt
angemessene Arbeit leisten.

Ich werde dieses Projekt
pünktlich abschließen.

Ich werde dieses
Projekt abschließen.

Ich habe so viel zu tun und gar keine Motivation.

Gönn dir jedes Mal eine kleine Belohnung, wenn du eine Aufgabe abgeschlossen hast.

Eine Aufgabe abgeschlossen!

Ich werde mich belohnen, indem ich nichts mehr tue.

Du übereilst alles und
leistest schlechte Arbeit.

Das hängt von den
Kriterien ab.

Wenn Schnelligkeit das Ziel ist,
leiste ich immer fantastische
Arbeit.

Kann ich Ihnen helfen?

Ja, ich suche ein Buch, das mir hilft.
Selbsthilfe-Bücher

Aber diese hier sind wohl eher dazu da, meinem Boss zu helfen.
Selbsthilfe-Bücher

Arbeite dich ins Glück
Mit weniger zufrieden sein
100 Produktivitäts-Hacks
Du hasst deinen Job?
Ändere dein Mindset!

Bereitet Ihnen Ihre ADHS ein geringes Selbstwertgefühl?

Nein.

Aber die Art, wie mich die Leute wegen meiner ADHS behandeln.

Ich kann erst arbeiten, wenn
ich meinen Kaffee hatte.

Wirklich? Ich werde
davon nur nervös.

Oh, ich auch.

Nervosität ist mein
einziger Antrieb.

So wie Sie Ihre Schwierigkeiten be-
schreiben, Aufgaben
zu erledigen, scheint
es sicher, dass Sie an
ADHS leiden.

Das hier müssen
Sie tun, um Hilfe zu
bekommen.

11 Uhr.

Zeit aufzustehen. Wer zuerst kommt, mahlt zuerst!

Manchmal wünsche ich mir
ein einfaches Leben.

Du tust doch gar nichts.

Das stimmt.

Aber wie ich mich
darüber aufrege!

Kreditkarten-
abrechnung
fällig
€ 1028,50
Jetzt bezahlen

O Gott, das
stresst mich so.

Ich muss mich
irgendwie
beruhigen.

Zum Warenkorb
hinzufügen
8

Dieser Asteroid wird uns treffen!

Pfff, ich glaube nicht an die Wissenschaft.

Okay, jetzt glaube ich Ihnen.

Sie finden also auch, dass wir etwas unternehmen müssen?
Nö.

Die Wissenschaft wird uns retten.

Ich habe Angst vor Vokalen.

Äh ...
Das geht.

Oh.

Ich habe
Angstzustände.

Warst du bei einem Arzt?

Nein.

Ärzte machen
mir Angst.

Tu, was du liebst, und du musst
keinen Tag im Leben arbeiten.

Cool.

Aber wenn das, was du liebst, nicht profi-
tabel ist, wird dein Leben sehr kurz sein.

Ich mag Dinosaurier
mit Ambitionen.

Ich werde den
Mond bekämpfen.

Mit professionellen
Ambitionen.
Ich werde
den Mond …

… gegen Geld bekämpfen.

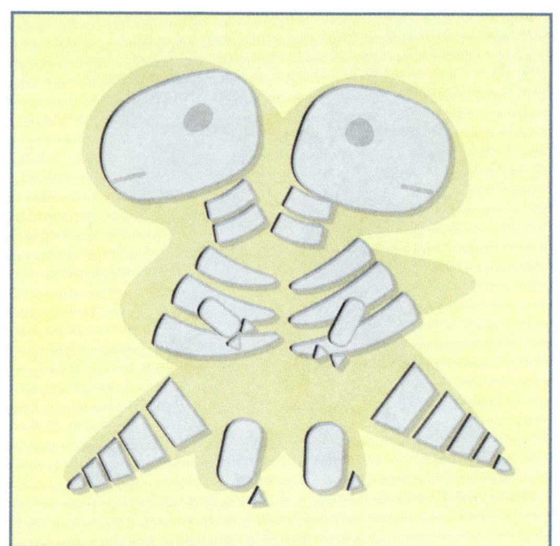